HABER VIVIDO

Eloy Sánchez Rosillo

HABER VIVIDO
Antología poética

Prefacio y selección
de Encarnación Blanco y Pablo Lara

Universidad de Málaga
2026

1.ª edición: marzo de 2026

© Eloy Sánchez Rosillo, 2026
© del prefacio, Encarnación Blanco Reina y Pablo Lara Muñoz, 2026
© de la fotografía del autor, Juan Ballester

Ilustración de la cubierta: Ramón Gaya, *Las granadas*, 1994
© de la cubierta, Ramón Gaya, VEGAP, Málaga, 2026

ISBN: 978-84-1335-468-2
Depósito legal: MA 278-2026

Impresión y encuadernación: Imagraf Impresores S. A.
Impreso en España

ÍNDICE

PREFACIO

LA vida ofrece obsequios inesperados, como la oportunidad —quién nos lo iba a decir— de presentar esta antología de Eloy Sánchez Rosillo.

Conocimos su obra por azar, gracias a una felicitación navideña que alguien nos envió y que contenía "La casa sosegada", un bello poema de Eloy que nos llevaría hasta su libro *La rama verde* (Tusquets, 2020). Aquellos versos atrapaban en su perfecta sencillez, traían recuerdos de la niñez, dejaban una estela de felicidad y, por tanto, deseo de releerlos, de volver a sentir esa luz. En aquellas palabras, escogidas con tanta delicadeza, se obraba una especie de magia. De repente, te trasladaban a la vieja acacia, a las estrellas, al canto de un verdecillo o a lo más profundo de tu alma. Disfrutar de *La rama verde* nos llevaría, primero, a querer conocer su obra completa, y más tarde, a querer conocer al autor.

Somos profesores de la Facultad de Medicina de la Universidad de Málaga, donde se forman las futuras generaciones de médicos que van a cuidar de nuestra salud. Pertenecemos al mundo de la ciencia, con frecuencia tan distante de la poesía. Coincidiendo con el descubrimiento de estos poemas, vivíamos tiempos difíciles, pandémicos, y precisamente por eso, más necesitados que nunca de humanismo. Promovimos en nuestro Centro espacios de convivencia donde nos acompañan en el día a día obras de arte como "La casa sosegada", con el deseo de que cada uno de sus habitantes la encuentre en su interior. ¿Y quién mejor —pensamos— que el propio autor para presentar su obra? Hicimos acopio de cierto valor y lo invitamos a que nos acompañara el Día del Libro del Curso en el que celebramos el 50º Aniversario de nuestra Facultad. Su respuesta generosa fue un sí inmediato.

Vivimos en esa ocasión un acto entrañable. Podríamos imaginar a un gran poeta como alguien ensimismado y distante, quizás incluso altivo. Pero, todo lo contrario, su cercanía, naturalidad y calidez nos cautivaron. Su compañía es agradable y tranquila. Fue un placer conocerle y es una alegría conservar la relación amistosa y de confianza que nos ha regalado.

Hemos incorporado poemas de Eloy en nuestro trabajo, en algunas ponencias académicas o en actividades docentes con nuestros estudiantes. Su poesía, además de belleza, tiene profundidad y verdad. Son poemas sobre el misterio de la vida. Esa sensación de bienestar y quietud que proporcionan, pensamos que debería ser difundida ampliamente en la medida de nuestras posibilidades, y que conocer la obra de este poeta podría hacer bien a muchas personas. Así surgió la iniciativa de proponerle la edición de esta antología. Su respuesta fue de nuevo generosa y hemos podido compartir juntos la travesía de esta aventura. Para nosotros, un sueño hecho realidad.

No ha sido fácil la selección de los poemas. Nos atrajeron sobre todo aquellos que invitaban a la reflexión, a la esperanza y al agradecimiento, pero son muchos en la obra de Sánchez Rosillo los que lo consiguen. En su mayoría son celebrativos, de amor a la vida, aunque algunos otros traten de la melancolía y el dolor. Hay pocas personas que escriban sobre el dolor como él lo ha hecho, convencido de que quien no conoce la desdicha no conoce la alegría. Su poesía nos lleva a tomar clara conciencia de este mundo y de nosotros mismos. Nos gustaría invitar a todos los lectores de esta antología a sentir la emoción ante la vida que nos brindan sus poemas; ojalá tengamos la fortuna de encontrar esa luz cada día.

Gracias, querido Eloy, por tanto bueno; gracias, por permitirnos compartirlo contigo.

[13]

Y terminamos este breve prefacio —pensamos que no es preciso extenderse más— con unas palabras tuyas, pertenecientes a tu libro de reflexiones sobre la poesía *El sueño cumplido* (Tusquets, 2023), pues nos parecen las más oportunas para cerrar nuestro escrito:

«El escribir poesía es para mí una manera de entender y de considerar la vida, de acercarme a ella y de confundirme con su sustancia; un ser y un estar (…). Percibo las cosas del mundo a través de la poesía, que no es en modo alguno el reino de lo subjetivo, de lo neblinoso e indeterminado, de lo arbitrario; se trata de la posibilidad más rigurosa, lúcida y comprensiva que conozco de acercamiento a la realidad. No escribo para explicarme el misterio del mundo —los misterios no tienen explicación—, sino para participar de él, para formar parte del corazón de ese misterio. La poesía no soluciona ni al individuo ni a la colectividad los problemas diarios de la vida (la injusticia y toda la miseria que de ella se deriva), ni da respuestas concretas y unívocas a las grandes preguntas existenciales (el porqué del amor, del odio, de la soledad, de la muerte). Nos pone en contacto con los enigmas del vivir y nos anima a mirarlos de cerca, a meditar sobre ellos y a adoptar en consecuencia actitudes y conductas. Semejante ejercicio moral transforma al individuo, hace surgir en él a alguien que no era antes y lo mejora como ser humano, lo afina. La poesía vivida con autenticidad (por el poeta y también por el buen lector) proporciona a la existencia una intensidad excepcional y la aligera de banalidades. Vivimos en gran medida nuestra cotidianidad sin advertir que vivimos; hay mucho ruido que nos distrae, mucha intrascendencia que nos dispersa. La poesía nos acerca a la vida en sentido profundo, depara al hombre conciencia del mundo, de su persona y del tiempo completo de su vivir.»

ENCARNACIÓN BLANCO Y PABLO LARA

HABER VIVIDO

TARDE DE JUNIO

AHORA, juntos, vivimos la hermosura
de esta tarde de junio,
el fulgor de las horas en que nos entregamos
al conocimiento de la verdad del amor,
a la gran llamada del encuentro.
Ahora sabemos que toda la alegría
cabe en el mundo breve de esta habitación,
en el espacio ardiente y misterioso
de la cama deshecha.
La luz cansada del atardecer
dibuja sobre el tiempo islas doradas.
En un rincón del cuarto
brilla la enredadera de la música.
Un viento súbito sacude nuestros cuerpos,
y lo olvidamos todo.
Después regresan las miradas lentas,
tanta complicidad, ciertas sonrisas.
Y luego contemplamos en silencio
con qué dulzura va cayendo la noche
sobre la indiferente ciudad que nos rodea.

CUÁNTO tiempo ha pasado, cuántas cosas
que has vivido olvidaste. Pero aún puedes,
si miras hacia atrás, ver a lo lejos
a aquel muchacho apenas parecido
al hombre que ahora eres.
                              En la tarde
de un antiguo verano está sentado
debajo de la acacia que hace poco
cantaste en otros versos. Deja el libro
que en las manos tenía, y mira el campo
mientras piensa o sueña.
                              Después abre un cuaderno
y escribe allí un poema que tú ya no recuerdas.

EN la suma de días indistintos
que el vivir nos depara, acaso hay uno
en que el destino, trágico y hermoso,
pasa por nuestro lado y el azar manifiesta
una insólita luz, un desusado
fulgor inconfundible.
Pero no has de dudar. Ten el coraje,
cuando llegue el momento,
de abandonar las cosas con que siempre
te engañó la costumbre, y sube pronto
a ese carro de fuego.
                        Poco dura
el milagro.
                Después, si te negaras
a partir, sólo noche
merecerás. Y nunca, aunque quisieras,
podrás comprar la luz que despreciaste.

EL SUEÑO

ANOCHE, en sueños, regresé a la casa
en la que yo nací y en la que toda
mi infancia transcurrió.
               Después de mucho
andar y andar perdido por las calles
de mi propia ciudad, lleno de miedo
y angustia y desamparo, en una oscura
madrugada de invierno, vi que un niño
se aproximaba a mí. Se me acercaba
sin temor, confiado. Y sonreía.
Ese niño era yo: yo mismo. Era
el que fui no sé cuándo. Con los ojos
inocentes que tuve, y muy atento,
miraba al hombre que ahora soy.
                  De pronto,
ya en la seguridad de su presencia,
todo cambió: cesó mi angustia, un alba
maravillosa sobrevino, olía
el mundo a luz primaveral.
                   El niño

me tomó de la mano y caminamos
por calles conocidas. Presentí
adónde me llevaba.
                    Desde lejos
vi cómo el sol doraba los balcones
de la casa paterna, de la casa
en la que fui creciendo, y una honda
emoción me embargó.
                    Subimos juntos
la escalera al llegar. Estaba abierta
la puerta y enseguida penetramos
contentos en el ámbito dulcísimo
de mi niñez.
                    De nuevo me fue dado
vivir el agua quieta, el agua clara
de mis años primeros, la pureza
de aquel fulgor de eternidad que el tiempo
nos arrebata para siempre un día.
Y la verdad que el sueño me entregaba
no era memoria del pasado, no
tenía esa alegría melancólica
que los recuerdos tienen. Era todo
como en la realidad de la vigilia:
nítida inmediatez, presente puro.
Allí estaba mi hogar, tal como fuera
cuando en su abrigo, a salvo, respiraban
todos los seres que en la intimidad

limpia de esta morada convivieron.
Y yo mismo, yo mismo, desdoblado
—actor y espectador— en niño y hombre.
Con ojos asombrados contemplé
—no en sucesión, sino en la llamarada
de un simultáneo acontecer— los mágicos
sucesos de mi infancia.
                                        Nuevamente,
eran mis padres jóvenes. Jugaban
conmigo mis hermanos. Las sirvientas
cantaban y charlaban de sus cosas
en el quehacer doméstico.
                                        No sé
cuánto duró mi sueño. Quizá fuera
breve como un relámpago, aunque toda
mi edad primera estaba en el prodigio
de esa fulguración.
                                Al despertar
sentí en el pecho gratitud, consuelo.
No se pierde en la nada la hermosura
que fue nuestra una vez. En un instante
cabe su luz entera: viejos días
que laten en la noche y que los sueños
disputan a la muerte y al olvido.

NADIE podrá quitarme —me digo— la ilusión
de soñar que ha existido esta mañana.
Se ha detenido el tiempo. Oigo tu risa,
tus palabras de niño. Nunca he estado
tan conforme con todo, tan seguro
de mi alegría. Juegas junto al agua, y te ayudo
a recoger chapinas, a levantar castillos
de arena. Vas corriendo de un sitio para otro,
chapoteas, das gritos, te caes, corres de nuevo,
y luego te detienes a mi lado y me abrazas
y yo beso tu pelo, tus ojos, tus mejillas,
tu niñez jubilosa. El mar está
muy azul y muy plácido. A lo lejos,
algunas velas blancas. El sol deja
su oro violento en nuestra piel.
                                    Me digo
que es cierto este milagro, que es verdad
el inmóvil fluir de la quieta mañana,
la ilusión de soñar el remanso radiante
en el que acontecemos como seres

dichosos de estar vivos, felices de estar juntos
y de habitar la luz.

                    Pero escucho, de pronto,
el ruido terrible y oscuro y velocísimo
que hace el tiempo al pasar, y la firmeza
de mi sueño se rompe; se hace añicos
—como un cristal muy frágil— la ilusión
de estar aquí, contigo, junto al agua.
El cielo se oscurece, el mar se agita.
Siento en mi sangre el vértigo espantoso
de la edad: en un instante, transcurren muchos años.
Y te veo crecer, y alejarte. Ya no eres
el niño que jugaba con su padre en la playa.
Eres un hombre ahora, y tú también comprendes
que no existió, ni existe, ni existirá este día,
la venturosa fábula de mis ojos mirándote,
la leyenda imposible de tu infancia.
Estás solo, y me buscas. Pero yo he muerto acaso.
Somos sombras de un sueño, niebla, palabras, nada.

MUCHO pesa el dolor, y aunque sea breve,
cuánto tarda en pasar. Pero nos deja
una huella más honda
la ingrávida, la frágil alegría.
Si se halla entre nosotros, apenas la advertimos:
anda ligera con sus pies descalzos
y enseguida se aleja.
Sin embargo, de algún modo perdura.
La vida fue llevándose
desde mi corazón hasta el olvido
aflicciones, zozobras, sufrimientos
que me hirieron un día en carne viva
con su acero implacable,
y ha preservado, en cambio, en mi memoria
toda la luz que respiré.
                    Sí, es cierto
que la luz recordada siempre tiene
un dejo melancólico que linda
casi con la tristeza,
pues no se trata de la misma luz

que brillara una vez en nuestro pecho,
sino de un eco suyo.
Mas esa claridad apaciguada
e inextinguible cómo nos consuela
de la indigencia y de los menoscabos
que la edad nos depara.
                         Cuando miran
mis ojos hacia atrás y considero
los ya no pocos años que he vivido,
ninguna oscuridad viene a negarme
la dicha que la vida tuvo a bien concederme.
A lo lejos aún veo
la quietud sin origen de la infancia,
sus aguas transparentes;
la fascinante intensidad y el vértigo
que fue la juventud;
los días y las noches del amor; la sonrisa
y el gesto y la palabra
de los seres que amé y que me quisieron;
tanta luz verdadera y compasiva
que no se apaga nunca y habrá de
acompañarme
mientras mi tiempo dure.

DESPEDIDA

EL verano se acaba.
Parece que fue ayer cuando llegó de súbito
en su carro de oro.
Venía jubiloso por los campos
y a su paso las tierras se colmaban
de espigas y de frutos.
Dispuso que las sombras se apartaran
del corazón del hombre y que creciera
la alegría en su pecho. Estaba todo
lleno de luz, de intensidad. Se hicieron
inmensas las mañanas, y las tardes
no terminaban nunca.
Daba la sensación de que el verano
iba a quedarse aquí ya para siempre.

   Sin embargo, se acaba.
Y nos parece ahora que fue breve en extremo
su prodigiosa estancia entre nosotros.
Mirad cómo se marcha: invicto, fulgurante,
se aleja por los campos en su carro de oro.

[33]

TE equivocas, sin duda. Alguna vez alcanzan
tus manos el milagro;
en medio de los días que idénticos transcurren
tu indigencia, de pronto, toca un fulgor que vale
más que el oro más puro:
con plenitud respira tu pecho el raro don
de la felicidad. Y bien quisieras
que nunca se apagara la intensidad que vives.
Después, cuando parece que todo se ha cumplido,
te entregas cabizbajo a la añoranza
del breve resplandor maravilloso
que hizo hermosa tu vida y sortilegio el mundo.

    Tu error está en creer que la luz se termina.
Al cabo de los años he llegado a saber
que en la naturaleza del milagro
se funden lo fugaz y lo perenne.
Tras su apariencia efímera
el relámpago sigue viviendo en quien lo vio.
Porque su luz transforma y ya no eres

el hombre aquel que fuiste antes de que en tus ojos,
de que en el fondo oscuro de tu ser relumbrara.

No, la luz no se acaba, si de verdad fue tuya.
Jamás se extingue. Está ocurriendo siempre.
Mira dentro de ti,
con esperanza, sin melancolía.
No conoce la muerte la luz del corazón.
Contigo vivirá mientras tú seas:
no en el recuerdo, sino en tu presente,
en el día continuo del sueño de tu vida.

AGUA DE MAYO

EN el tren que una tarde de mayo me llevó
de Salamanca a Ávila,
no olvidaré que estuve
totalmente de acuerdo con la vida.

Era una tarde en la que diluviaba,
y frente a mi ventana iba pasando
todo el campo mojado: trigales ya crecidos,
a los que el agua daba un verdor muy reciente;
dehesas con encinas entregadas
a la quietud de su ensimismamiento
y terneros impávidos pastando
bajo la espesa lluvia;
algún pueblo pequeño,
con sus cigüeñas en los campanarios.

Y arriba un cielo trágico, como de fin de mundo,
lleno de nubes negras y veloces
sin cesar perseguidas por hermosos relámpagos.

[37]

Marchaba lento el tren. Iba yo allí muy solo,
pero estaba conforme y nada me faltaba,
porque es fácil sentirse colmado y satisfecho
en una tarde como la que digo,
aunque sepamos bien que en otras ocasiones
puede la vida ser despiadada y terrible,
aunque el amor se acabe y aunque exista la muerte.

ES cierto que he vivido en los últimos años
cosas que no querría haber vivido nunca.
Sin embargo, bendigo
esta mañana de ámbar en mitad del invierno.

   Me siento en un jardín;
son ahora las doce.
El sol desciende delicadamente,
se remansa a mi lado y comienza a decirme:

   «Eloy, abre los ojos;
mira este cielo, tanta claridad.
Respiras, estás vivo. Y si no desfalleces
y en tu ser perseveras,
más allá del dolor sabrá tu pecho
de la alegría y la misericordia.

   La más honda verdad sólo es la luz,
la luz que esta mañana te cobija.
Mírala y hazla tuya, entiéndela.

Siempre estará contigo
para que no claudiques y que en ella te salves,
para que en ti no acabe nunca el canto».

DÓNDE

EL niño que hubo en mí en un ayer soñado,
ese al que el tiempo desde siempre quiso
desterrar y olvidar,
sigue asombrosamente
viviendo en quien al cabo de los años
me he convertido: un hombre
que conoce el dolor y que por eso
ama mucho la vida.

La inquietud me estremece cuando el azar me trae
noticia del extraño lugar en el que mora
aquel niño perdido dentro de mis dominios:
un lugar enigmático
al que nunca he sabido qué caminos conducen,
pero desde el que llega hasta mí en ocasiones
un llanto que es también una luz y una música,
un poco de esperanza en un lamento.

ASÍ

NO ignores que en los sitios más hermosos
y en los más apacibles
ocurrieron sin duda o habrán de suceder
las más terribles cosas a lo largo del tiempo.
Luego, de nuevo, en la devastación,
sobre la muerte misma, va creciendo la hierba.
Regresan poco a poco
junio, la lluvia, un pájaro,
las palabras, las risas. Y el olvido.

LA inmediatez terrible del dolor
nos engaña y nos lleva a desproporcionarlo,
a afirmar con la triste soberbia del que sufre
que el dolor que tenemos es el dolor más grande
y que no puede ser que algún día termine.

Después cesa por fin, porque todo en la vida
en un punto comienza y en otro punto acaba,
No era el Dolor lo nuestro. Era sólo un dolor,
un tenebroso y duro contraste imprescindible
de tanta luz, de tantas alegrías.

[45]

NO pienses con desánimo, como piensas a veces,
que es difícil seguir hasta el final
dándole cumplimiento
a la labor que es centro de tu vida
y te hace ser quien eres.
Lo que ya has realizado, si está vivo,
tendrá su desarrollo natural,
y por sí mismo acaso crecerá todavía
hasta alcanzar la altura que le esté destinada.
Tú procura tan sólo
—sin la arrogancia del que cree haber hecho
lo que en verdad no hizo—
ayudar como siempre con ilusión al árbol
a dar los frutos que tal vez ofrezca.
Y mira satisfecho, mientras la tarde cae,
cómo desde lo alto los pájaros acuden
a dormir en sus ramas.

EL SECRETO

POR si acaso se asusta la alegría
y se apresura a irse,
se la escondo a la gente y no le digo a nadie
que ha llegado a mi casa después de mucho tiempo.

Hablo con ella, y con frecuencia verla
de nuevo tan cercana
me hace llorar, y río.

Luego la dejo sola y yo me voy
a la calle muy serio.
A nadie le diré que está en mi casa.
Ojalá siga aquí cuando regrese.

LA CERTEZA

QUÉ ciego estuve, habiendo como hay
tanta luz, tantos signos
que en todo instante la verdad nos dicen.
Hay que abrir bien los ojos para ver,
aguzar el oído
para oír lo que importa.
Cada vez se apodera
de mí con más pujanza y más dulzura
la certidumbre de que sólo hay vida.
¿Quién que respire y que haya acumulado
en su pecho alegrías y dolores,
noches y días del vivir, no intuye
—sin que por ello en ocasiones arda
esa lumbre con llama vacilante—
que no hay muerte que pueda
desdecir y anular esto que somos?
Canta en mi corazón una esperanza
que llena mi presente y me sostiene:
no, la muerte no mata; es también vida,
un misterioso trámite de sombras

[51]

que transforma lo vivo,
lo limpia y lo redime.
Cuanto existe, existió y será después.
En el misterio hermoso
de alentar en un mundo que se hizo
con la misma materia de los sueños,
¿cómo iba la muerte a poner fin
a esta fragilidad indestructible
que en nosotros habita?
La muerte borra el gesto
habitual de un hombre,
sus maneras, sus ropas, y lo vuelve
criatura distinta, pero no
aniquila el espíritu,
que se templó en el fuego.
Toco con estas manos lo que afirmo,
con nitidez contemplo su fulgor,
aunque diga con tanta inconsistencia
—y determinación tan desvalida
que al cabo es titubeo—
una certeza que muy mal se aviene
a razonables argumentaciones.
Alégrate, alma mía;
vive tus días con amor
y ningún miedo tengas
de perder para siempre lo que eres,
lo que has amado y que como una dádiva

se te otorgó o llegaste a merecer
con lucha e ilusión. Ten confianza,
porque todo otra vez y muchas veces
ha de pertenecerte en esta vida
que comienza y que cambia, que retorna
y que no acaba nunca.

DE qué manera tan irrepetible
ha ido hilvanando la naturaleza
todas las cosas que mis ojos ven
precisamente ahora, en este día
hermosísimo y único del mundo.
En principio, parece la mañana
una mañana igual que cualquier otra,
pero ninguna ha habido como ésta,
ni tampoco ha de haberla en el futuro.
Todo es distinto siempre, y prodigiosa
tanta diversidad casi impensable.
El mar, el cielo, el aire, aquellos montes
que la distancia desdibuja, el álamo
encendido de sol, la golondrina
que vuela en el jardín de un lado a otro
y que con entusiasmo inagotable
traza sus garabatos en la luz.
Toda cosa en sí misma, y el conjunto
de cuanto miro, se me muestran hoy
como ya nunca más han de mostrarse,

[55]

y también los contemplo yo de un modo
que el instante genera y va extinguiendo.
Hay en esto un misterio muy profundo
(que aunque nos da sosiego, nos aboca
a la inquietud de una insondable sima),
algo que no es azar y que gobierna
el todo y cada parte y cada una
de sus combinaciones infinitas
con poderosa y amorosa ley.

MADRE

LLEGUÉ cuando acababa de morir,
y era un misterio ver tan de cerca la muerte
en aquel cuerpo amado.
Aún conservaba
el calor de la vida, y puse yo mis labios
sobre su rostro inmóvil. Al besarla,
pude atisbar en ella y escuchar todavía
unas puertas cerrándose,
y un viento que de súbito arrasaba
la casa del amor y no sé qué despojos
de mi niñez remota.

LOS TRABAJOS DEL ALMA

AL margen de uno mismo,
el alma está ocupada noche y día
en sus propios asuntos.

No nos consulta y toma decisiones
fundamentales para nuestra vida
con peculiar criterio.

Ajenos, mientras tanto,
sobrevivimos en la superficie
de quienes somos o decimos ser.

No sabemos qué ocurre
en las estancias y en las galerías
de nuestra soterrada identidad.

Tan sólo en ocasiones,
medrosos, decidimos asomarnos
a tan arduos adentros.

Y aunque atentos miramos y escuchamos
comprendemos muy poco
de lo que vemos o de lo que oímos:

hay mucha actividad y, al mismo tiempo,
un sosiego muy grande,
gravedad y alegría, sombra y luz.

Al final decidimos regresar
a las intrascendencias cotidianas,
confusos y anhelantes.

Y allí abajo otra vez se queda el alma,
ensimismada en sus ocupaciones,
a solas, sin nosotros.

LA ESCONDIDA FUENTE

CUANDO el dolor te venza y te derrumbe y des
con tus huesos en una noche ciega,
no pienses solamente en escapar: indaga
en el hondo misterio que supone
que ese dolor exista, igual que existen
el pájaro y la flor, la hormiga o las estrellas.
Y escarba en sus escorias enigmáticas
con corazón dispuesto y manos que se entreguen
a buscar la verdad sin titubeos.
Escarba en tu dolor hasta llegar al fondo
de la tiniebla y del espanto. Allí
verás sin duda el rostro de la muerte.
Pero no desfallezcas. Si tu espíritu
no se rinde y prosigue, tal vez descubras luego,
bajo la tierra estéril de las devastaciones,
una escondida fuente. De ella brota
un agua fresca y viva que es también una luz,
la más intensa luz, la luz más pura.

DESPERTARSE un buen día y descubrir
que la turbia amenaza que tanta muerte puso
durante tanto tiempo en nuestra vida
ya no nos mira con sus ojos fijos,
con sus ojos terribles.
                              ¿Qué sucede?
¿Cómo se hizo en mi casa este silencio puro,
este sosiego que tenía olvidado?
¿Quién ha abierto el balcón y allí ha dispuesto
esa maceta con geranios rojos?
¿Es cierto que se adentra por la estancia,
despacio, un sol muy dulce y acaricia
el suelo, este sillón, mis manos, mi cabeza,
mi pecho que agradece, mi corazón que canta?

OÍR LA LUZ

DEBO decir que cuando yo era niño
y en el campo veía la densa muchedumbre
de estrellas en los cielos del verano,
además de mirar tanto fulgor,
podía oír la luz: se escuchaba allí arriba
como un rumor de enjambre laborioso.

UNA VERDAD

LA vida nos enseña muchas cosas
acerca del dolor.
Es un conocimiento imprescindible,
que requiere templanza, amor y tiempo.
Mil veces renegué de los designios
del sufrimiento y de los recónditos
motivos de su ser y de su estar
en la esencia del hombre. No entendía
por qué me atenazaba en ocasiones,
y muchas veces me desesperé
intentando zafarme de sus manos terribles.
Y así anduve sin rumbo, hasta intuir un día
que en la noche convulsa del sollozo,
contrapuesta a la plácida mañana de oro puro,
busca y encuentra el mundo su equilibrio precario.
Hay luz y oscuridad,
sombra en el centro mismo de una brasa,
fulgor en la tiniebla.
Agaché la cabeza. Y, cuando vino,
acaté la zozobra que me correspondió;

hasta el fondo del pecho asumí su amenaza.
Y pude entonces constatar del todo
que al final del dolor no existe ya dolor,
que allí nos abre siempre la compasión sus brazos
y la verdad más honda es la alegría.

QUE la vida acostumbre
a ponernos el mundo del revés,
a golpearnos y zarandearnos,
o a sonreírnos mientras nos conforta,
es algo propio de ella.
Tan sólo en el deseo o el temor
de esa rara alternancia
desigual y azarosa
logramos ser nosotros, caminar,
y hallar la rosa ayer, hoy el abismo.
En la seguridad sin amenaza
no hay movimiento, no hay respiración.
La intemperie es la casa verdadera,
abierta para el hombre en todo instante
con su fascinación y sus espantos.

DENTRO DE MÍ

LO que mis ojos ven y lo que sueño,
la luz de cada día, la extensión de las noches,
el misterioso amor y el largo olvido,
todo el dolor y toda la alegría.
En el pecho de un hombre cabe el mundo.
Lo inmenso en lo pequeño puede encontrar morada,
y aún sobra mucho espacio.

MARAVILLAS

CUÁNTA alegría siempre
en ciertos hechos que a destiempo ocurren,
porque sí, cuando nadie los espera o los sueña:
este día de mayo en mitad de febrero,
y, abriéndose camino en su luz prodigiosa,
la muchacha que pasa y me mira y sonríe,
dulce complicidad de un solo instante,
regalo que no dura, afirmación
rotunda y delicada de la vida.

QUÉ extraña y sorprendente,
la prodigiosa vida.

Antes vivía en el temor, y quise
inútilmente disputarle al tiempo
mis grandes y pequeñas posesiones,
hasta llegar al ínfimo abalorio.

Ahora dejo la puerta de mi casa
de par en par abierta. Entran y salen
las cosas de este mundo, pero aquellas
que más amo conmigo permanecen.

Nada acaba o se pierde: gira, y torna
purificado a nuestro corazón;
nube que luego es lluvia, fuente y río,
nube otra vez, y lluvia y ancho mar.

Supe de la añoranza y el lamento.
Ahora celebro y canto.

[75]

EL ALBA

QUE haya adquirido la costumbre el alba
de venir cada día
desde las fuentes puras del asombro
y en la orilla del cielo ir levantando
—despacio y muy deprisa—
su árbol frágil y esbelto de luz tierna
y arreboladas hojas,
¿no es prueba suficiente
de que vivimos en un mundo mágico?

EXPECTACIÓN

NO es difícil morir. La muerte no es un fruto
que se haya de alcanzar
con mano decidida o temblorosa,
ni un bien o un mal que llegue un día a tu existencia
sólo si de verdad lo mereciste.

Y de muy poco vale que la esperes
confiado o ansioso,
pues con sigilo acude e ignoras cuándo,
inequívoca, habrá de llamar a tu puerta
con sus nudillos fríos.

Nuestro asunto es la vida. El que muramos
es cosa de la muerte.
Si penetra en tu casa, no quieras impedirle
realizar sus trabajos.
Sabe bien lo que hace; déjala
librarte, minuciosa, del dolor,
redimirte hasta el fin de ser tú mismo.

En el transcurso
del misterioso trance ineludible,
le corresponde únicamente al alma
la expectación, permanecer atenta
y abrir sus ojos mucho, mientras alguien, clemente,
cierra los de tu rostro.

CERCA

SUCEDE la hermosura en cualquier parte.
Si estás atento y miras y la esperas,
no es preciso que vayas a buscarla
a extrañas ni lejanas latitudes.

Desde el silencio de mi casa, en esta
noche fría y serena de un 22 de enero,
sin moverme siquiera del cuarto en el que escribo,
puedo ver cómo, mágica, en el cielo va alzándose
una gran luna llena, y nada más ansía
mi corazón rendido, nada más
necesitan mis ojos.

LA muerte forma parte del enigma
en que se fundamenta
nuestro propio vivir. Nadie ha podido
desatar nunca el nudo del misterio,
ni cortarlo siquiera
con arrogante espada y gesto inútil.
Hermoso es que así sea lo que es.
El misterio, en sí mismo, es hermosura.
Respíralo; ten confianza; deja
que lo albergue tu pecho,
y no te pierdas en el sí o el no.
Por la vida y la muerte va la nave
surcando el mar azul. Y todo es mar.

DESDE UN ACANTILADO

HE llegado hasta el fin de unas comarcas
de dentro de mí mismo que antes desconocía.
Andando bajo el sol o en plena noche
recorrí por entero
su irregular y extensa superficie.
Hubo de todo, dichas y pesares,
en mi vagar, pero sin darme tregua
viví la intensidad de una aventura
que en el recuerdo sólo es alegría.

El territorio se termina aquí.
Igual que en ciertos sueños,
están mis pies al borde de un alto acantilado
y ante mí se divisa un mar incógnito,
un misterioso mar,
lleno de luz de luna en esta hora,
con el dibujo nítido, en lo alto,
de las constelaciones que fascinan y orientan.

Cuando regrese el día y pueda la mañana
asegurar mis pasos,

[85]

intentaré bajar hasta la orilla.
Y después de un respiro en las arenas
buscaré la manera de surcar esas aguas.

HASTA el más miserable y más sin nada
conoce la belleza,
sabe qué es
y sabe dónde puede ir a buscarla:
en sí mismo; en el mundo.
No es posible vivir ni un solo día
sin intuir su rostro o añorarlo,
sin que la divisemos a lo lejos
o sin que caigan en las cercanías
de nuestra adversidad
unas pocas migajas de su gracia.

   Pero hay un grado más de la hermosura,
un más allá de ella,
belleza viva que es verdad que salva.
Nada o poco supimos
de que existiera ni de que pudiera
ser nuestra alguna vez.
Y acaso ahora, justo en este instante,
surge en el propio centro de tu vida.

[87]

Arrasará de golpe
lo que hayas sido: el indigente aquel
que hasta aquí la ignoraba.

   Sólo con respirarla en ocasiones,
aunque no se te entregue plenamente
desde un principio o nunca,
transformará del todo tu existir.
La hermosura que digo
es cegadora luz,
certidumbre que quema.
Quien la vio aun de soslayo o la padece
por ella vive.

ODA A LA ALEGRÍA

LA alegría, ¿qué dice, qué persigue?,
¿por qué y cómo se acerca al corazón del hombre?
Nos habla, intenta hablarnos,
porque en su esencia pura y misteriosa,
junto a las más hermosas melodías,
alberga todas, todas las palabras
como semilla o polen
e incesante nos da ciento por uno.
A cada ser humano se dirige
en su lenguaje propio;
sabe bien el idioma de cualquiera
que abra el oído y deje que penetren
por allí sus canciones
hasta las lobregueces irredentas
y ateridas del alma.

En cuántas ocasiones me he visto en la desdicha
por negarme a escuchar lo que sus labios
inequívocamente pretendían decirme.
Qué confundido estaba.

[89]

La juventud ofusca y con frecuencia mueve
de incomprensible modo a quien la ostenta
hacia el dolor y la melancolía,
la oscuridad y la perplejidad.
No distinguía el hombre que yo he sido
ni entre el negro y el blanco;
lo que en la gracia crece y fulge y salva,
de lo que enturbia el ojo.

    Pero ya no me engaño, y te discierno,
suave o vibrante, arrebatada o dulce,
irresistible y mágica alegría.
Nací para la luz, con buena estrella.
Y aunque me hayas faltado tantas veces,
aunque un día me faltes,
desde la fe y el sueño
te proclamo señora de mi vida,
de mi casa y los míos,
la más cierta verdad de las verdades.
Y sabiendo de ti tan sin ninguna duda,
tan desde luego y siempre,
afirmo emocionado y entregado:
«Lo que dispongas quiero, digo, soy».

HABER VIVIDO

HABER vivido en este mundo hermoso
inspira confianza. ¿Quién que tenga
cierta experiencia del vivir dirá
que todo fue un engaño? Si escuchaste
al jilguero cantar cuando eras niño,
si has tocado la luz, si conociste
el amor y el dolor, viste la luna,
te dio su sombra un árbol, caminaste
solo o con alguien junto al mar o un río,
sabes de sobra que es verdad la vida
y que somos misterio, que es misterio
cuanto ha existido, o es, o existirá.
También, que aquí te encuentres y que un día
—un día milagroso como todos—
digan que te has marchado y aún se escuche
tu canción a lo lejos.

ANTES DEL NOMBRE

DESPERTÉ y habitaba
la estancia inacabable de la luz;
supe del todo y siempre,
y era yo nadie y nada y cada uno
antes del nombre, el traje, la mirada.

  Pronto llegó el instante
primero, y otro, y otro, y se apagó
de golpe el sitio aquel del que ahora apenas
tengo tan sólo unas migajas pobres.
Y fui el que Eloy se llama, el que esto escribe,
alguien con su tristeza y su alegría,
su sol, su lluvia, su ansia, sus papeles.

AMANECE despacio,
y llega el día con mi muerte al hombro.
Sí, la miro y es ella. No hay error.
¿Cómo decirle al día que se vaya,
que regrese a su origen, que no sea?
Huyendo de su luz inapelable
corro por los caminos más secretos,
más arduos y a trasmano.
Pero me sale al paso y se me pone
delante una vez y otra.
¿Dónde estás, madre mía?;
ampárame;
soy un niño que tiembla.
Y el día se abalanza sobre mí,
con mi muerte inequívoca.
Y corro, corro, y grito.
Y no sé cómo
logro evitarlo al fin, quedar al margen
de su vertiginosa trayectoria.
Con mi muerte a la espalda,

ha pasado de largo junto al miedo
que me encubría como nube o niebla,
y ahora ya va apagándose deprisa
tras los montes aquellos.

LA SOLEDAD

HAY que estar solo, pero no es bastante,
para que llegue a ti la soledad
y te ofrezca sus dones.

Antes hay que soñarla largamente,
despojarse de todo y de uno mismo,
a ella sola aguardarla.

Ten la casa en silencio, el alma quieta,
y al fin podrá venir o no venir.
No siempre acude.

De todas formas, y aunque no llegara,
la espera es ya regalo que te otorga,
gracia suya tu anhelo.

ADENTRO

EN el más hondo adentro
de cada cosa hay un silencio puro,
un lugar muy secreto e inviolable,
donde la mano palpa un agua antigua,
un regazo caliente.
No se accede allí nunca
por los trabajos de la voluntad,
ni porque el corazón así lo ansíe.
Se entra por gracia viva de lo vivo,
por acorde animal con lo creado.
Quien consigue asomarse sin esfuerzo
—con naturalidad, con inocencia
que acata y que no inquiere—
a esa oquedad colmada,
podrá escuchar un algo que no es ya
la sola cosa misma,
el lenguaje o el alma propios de ella,
sino el latido unánime, enigmático,
que une entre sí lo múltiple y lo mueve,
una respiración que alienta en todo
y quiere ser oída para ser.

[99]

LA MAÑANA

QUÉ a salvo quien despierta sin temor
de encontrarse consigo un día más. Qué a salvo
cuando en el alba se levanta y entra
confiado en su ser, lava su cuerpo,
se viste en un instante ropa ahormada en el uso
y ve por el balcón cómo muy tierna crece
la luz de una jornada en la que no
flaqueará su esperanza ni la fe que lo impulsa
en la gran aventura de existir.
Ahora sale a la calle con decisión, y llega
un aire claro a su pulmón alegre.
Avanza sin recelo, porque entiende la vida,
y se va abriendo paso entre las cosas,
y silba invulnerable.

PARA escuchar el canto del jilguero
vine yo al mundo.
Lo escuché en la niñez —como ya dije
en otros versos míos—,
y allí mismo aún lo oigo.
En mi carne resuena y con mi sangre gira.
¿Cómo es posible que algo como eso,
tan frágil y tan puro, tan de nadie y de todos,
pueda estar en la vida, ser la vida,
que exista un bien tan grande y para siempre?
En el principio de mi ser lo oí
con embeleso, aun sin saber entonces
lo que era aquella música ni lo que en sí llevaba.
Más cerca hoy del final que del comienzo,
puedo decir sin duda que en ese trinar iban,
desde el origen mismo de las cosas
—no como emblema, como enigma o símbolo,
sino en verdad completa, por entero—,
la luz que yo he vivido y el amor que no acaba,
la alegría que tuve,

junto al dolor y su misericordia,
la incertidumbre y toda esta certeza
que al cabo me sostiene.
Sí, dejadme, dejadme que lo escuche,
que el silencio que tengo no se rompa.
No hay misterio más hondo que aquel pájaro
y su canto que vibra en el árbol del tiempo.

TODO lo que he vivido ocurre hoy
y hoy acontece todo lo que sueño.
El corazón, al fin, comprende y sabe.
Nada he perdido; tengo lo que aguardo
y es alegría la melancolía.
Transcurre una mañana de mi infancia
y el sol dora las manos de mi madre;
siento en mi piel la llamarada hermosa
de otra piel, y me mira para siempre
en el girar del mundo una muchacha;
a mi lado, en mi casa, crece un niño:
el sol toca mis manos y su pelo;
la rosa que tendré ya sucedió
y se completa floreciendo ahora.

si sólo fueran bellas en sí mismas
o a cosas sólo hermosas remitieran,
no tendrían sentido mis palabras.
Lo alcanzarán tal vez porque su adentro
—hecho de luz y música—
descienda hasta mi alma y fructifique
en entender y amar.
No vienen hasta aquí desde su origen puro
a sostenerme en este que yo soy,
en mis propias razones: llegan para
desnudarme de mí y que en ellas hable
la verdadera voz de cada uno
—que es la misma de todos, ya sin muerte—,
y para proseguir su germinar en otros
como acicate y seña del amor sucesivo.

SIENDO tan sólo lo que soy, un hombre,
y no el viento nocturno,
y estando aquí, tan para siempre lejos,
acudo —no sé cómo— ciertas noches de luna,
igual que el viento, buen hermano suyo,
hasta donde se alza la vieja acacia aquella,
es decir, a mi infancia. Y allí sigue,
esbelta, misteriosa y solitaria,
en abandono triste, irremediable,
perdida en el inmenso silencio de los campos
junto al deshabitado caserón.
Me acerco a ella en la noche como si fuera el viento,
la miro desde arriba y me enredo en sus ramas,
la hago sonar,
divago por su copa, y luego me remanso
al lado de los pájaros que duermen.
Puedo ver cómo fluye entre las hojas
la delicada luz que desde el cielo cae:
agua de luna pura,
agua de estrellas de la madrugada.

[109]

Aquí me tienes, vieja amiga, no es
el viento el que ha venido.
Soy yo, Eloy, el de entonces, que ahora vuelve
—ya con el pelo blanco— a darte compañía.
Alrededor de ti giro muy lentamente,
y seguiré contigo, para que no estés sola,
hasta que empiece a despuntar el alba.

QUE se alce de ti un canto
en la hora hermosa y fúlgida.
Pero también que de tu adentro brote
en el trance terrible y más amargo,
cuando tus manos palpen en lo oscuro
el lodazal del fondo.

Busca tu voz entonces;
búscala, y canta.

Ése es el himno puro,
un canto que no es música,
que no tiene que ver con la alegría,
con el sollozo ni con la plegaria.
Vibra como un cristal delicadísimo
y es sólo aceptación.

CUANDO MIRAS DESPACIO

si te quedas mirando largamente
cualquier cosa del mundo
—un gorrión, una mujer, un árbol,
un río, un desengaño, tal poema
por el que pasa un río
y una mujer desengañada y sola
y en el que se alza un árbol al que acuden
los gorriones mientras cae la tarde—,
si miras cualquier cosa un largo rato
y dejas que entre en ti,
que te vacíe de tu oscuridad
y que en tu ser halle cobijo y sea,
verás y sentirás que cuando miras
tú eres mundo también,
que en ti la vida se entrecruza y canta,
y que todo es sagrado.

UN VASO DE AGUA

QUÉ suceso increíble:
llené un vaso de agua y lo alcé hasta mi boca.
Era ya media tarde. Me había detenido
cerca de una ventana, aquí, en mi casa,
en este día tan claro de febrero.
Llegó el vaso a mis labios
y en ese mismo instante lo atravesó de pronto
un haz muy apretado y muy intenso
de luz del sol poniente.
Cuántos asombros. Todo rompió a arder
con lumbre limpia y mágica:
el agua y el cristal, el cuarto entero,
mis ojos y mis manos y mi vida.
Sin dar ni un solo paso estuve en todas partes.
No sé cómo decir lo que ocurrió,
cómo expresar que sucedieron siglos
de redención y bienaventuranza.
Oro licuado y tembloroso el mundo,
astilla viva yo de un súbito diamante.

¿SUCEDE la belleza sin nosotros
o la crean los ojos al mirarla?
El ojo es sólo parte de lo bello,
cristal vivo en sus trémulas urdimbres,
al igual que los astros. Pero no
es él quien dilucida, sino el alma,
y ésta puede observar desde muy lejos,
porque ya ha visto, y sabe, y ella misma
es también lo mirado. Calla el mundo
muchos sitios secretos en los que arde
la belleza a esta hora y yo no estoy
ni existe otra conciencia —trepa el puma
por un árbol sin nombre en la recóndita
selva cifrada; en la montaña surge,
muy alto y a trasmano, inverosímil,
un lirio, hijo del alba, que en la tarde
se desvanece cuando el sol declina;
cae la lluvia en el claro de algún bosque
y la luna la pulsa como un arpa
en mitad de la noche—; sí, transcurre

a solas la hermosura en nuestra ausencia,
aunque no en vano late, pues el alma
la considera y la comprende. Y no hay
en lo que digo soledad, derroche
de lo creado. Hay abundancia fértil,
continuidad de un todo inacabable,
honda misericordia de la vida.

PARA seguir después con confianza
en el camino, es necesario a veces
quedarse quieto en el recuerdo, inmóvil,
solamente mirando.
No verás al principio apenas nada.
La oscuridad te cerca y no saben tus ojos
penetrar su espesura.
Pero al fin la tiniebla retrocede y se va,
no sabemos adónde, igual que cuando
de la noche más honda brota el alba.
En la creciente claridad, la vista
va ganando terreno, aprende pronto
a recorrer distancias, a soñar los confines.
Y ahora ya el sol se encuentra en lo más alto
y te devuelve cuanto fuera tuyo.
¿No ves? Nada se había
perdido sin remedio. Los días que viviste
ahí están, sucediendo, sucediéndose.
Y allí, al fondo de todo,
resplandeciente y nítida bajo la luz del cielo,
la heredad de la infancia.

LA LLOVIZNA

ESTAR allí otra vez, en la mañana
de principios de junio,
andando de tu mano
por la gran plaza, en la que cae ahora
una leve llovizna.
Se desplazan solemnes por el cielo
las grandes nubes, y de pronto se abre
aquí y allá algún claro de oro vívido
en la vieja ciudad de las alturas.
Vienen y van las gentes
de sus quehaceres hacia sus asuntos
y no nos ven siquiera.
A nuestro lado indiferentes pasan;
qué saben de prodigios.
Bajo el paraguas gira nuestro mundo,
solamente por ti y por mí habitado.
Estar allí de nuevo,
en la mañana aquella.
Tus labios rojos en el aire gris,
y, entre risas, tus ojos que en lo oscuro
reflejan un relámpago.

[121]

EL VALLE

UN valle como éste,
en el que existen el gorrión, la rosa,
los ríos y los árboles, las nubes,
mayo y septiembre,
y el amor y la luz que en sus anchos dominios
a todos nos acogen, no puede ser que sea
triste valle de lágrimas,
por más que el llanto a veces prospere en nuestros ojos,
o aunque lloremos lágrimas de sangre.
Y sobre todo, al cabo —ahora lo veo—,
porque la muerte viene a prolongar
la aventura que somos
y nos transforma sin contemplaciones
(tan a regañadientes de quien muere)
en redomas ya limpias,
en sustancia de Dios.

CUÁNTO tiempo ha pasado ya, hijo mío,
desde aquella mañana que dije en un poema
en el que se nos ve a ti y a mí en la playa,
bañándonos alegres, entre risas,
en un mar tibio y quieto, bajo el sol estruendoso
y un cielo azul sin mácula.
                                        Tenías
entonces tú dos años, y se hallaba en su inicio
apenas la aventura que ha sido el estar juntos
tu vida entera y casi la mitad
de la que he respirado.

                                Era feliz mirándote.
Compartía tus juegos. Te abrazaba. Corríamos
por la arena caliente de la dicha...

   Hasta que a mi conciencia, no sé por qué, de pronto,
vino el sentir del tiempo y levantó
entre tu ingenuidad y mi tristeza súbita
la visión desolada de un futuro

[125]

vertiginoso, en el que ya no estabas
a mi lado: vagabas por el mundo
y yo quizá había muerto.

                    Es verdad que el vivir
todo lo muda. Y sucedieron cosas
plácidas o revueltas, e incluso, en ocasiones,
duras y amargas. Existir es eso:
un azar incesante.
                    Pero no
llegó nunca el futuro que temía,
ni ningún porvenir de un signo u otro,
sino sólo el presente sin confines
de este momento único. En sus anchos espacios,
mucho logré aprender de personas y cosas,
aunque de nadie tanto como de ti, pequeño
maestro mío de alegría en los años
límpidos de tu infancia (que no comparo nunca
con ningún otro bien que haya tenido),
y aprendices los dos de desconciertos
y de dolor profundo algunas veces
cuando un día empezaste a crecer de improviso,
tan deprisa y corriendo, en el enigma
y la intemperie de la adolescencia.

    Después, como en un sueño, poco a poco,
pudimos alcanzar el júbilo más alto:

aquel que obtiene nuestra mano pura
si antes supo de heridas.

                        El amor no transcurre:
ocurre. Su obstinado latir insiste oculto,
a salvo para siempre en nuestro pecho.

  Y ahí estamos tú y yo desde el principio,
en el mar del verano, bajo el sol,
dentro de este diamante que fulgura,
de esta mañana inmensa que es la vida.

¿DÓNDE ocurre esta luna,
en qué momento, en qué noche del mundo?
Han pasado años, siglos,
desde que un día mis ojos la supieron
y hoy cae su luz aquí por vez primera.
Qué silencioso hallazgo de alegría,
de intimidad secreta a cielo abierto.
Es la misma de entonces,
la que toqué de niño con mis manos
y descendió a mi pecho y me hizo suyo;
la que habrá de venir, la primigenia.
La miro con el gozo
del que todo lo ignora de la muerte,
del que respira y canta.
Han pasado años, siglos, y ahí fulgura,
en qué centro sereno de mi asombro.

DEJÉ mi casa y me adentré de lleno
en la extensa mañana, en su luz nueva.
Pudo no suceder, y sin embargo
la vida decidió que ocurriría.
Tú por tu lado, y por el mío yo
—sin presagios ningunos, distraídos—,
nos fuimos acercando hasta esa calle,
una calle cualquiera. Y coincidimos
en el instante aquel del universo.
Qué extraño su existir, qué inescrutable:
en su fugaz transcurso, nuestros ojos
supieron encontrarse en un relámpago
hecho de origen y de tiempo entero.

VERDECILLO

SALIR a la terraza bien temprano
y oírte cantar, tan vivo, en la luz nueva
—que aún está a medio hacer—,
da mucha confianza en este día,
amigo verdecillo,
y ganas de vivir (y de ser bueno).

EL AMOR

PON tus ojos, tu oído, en lo que importa
y atiéndelo despacio,
con rendición dichosa,

hasta que su secreto brote en ti.
¿No ves? Avanza marzo
y florece la rosa en el jardín.

Sin saberlo, es la vida:
mírala
cómo se abre a la luz, con cuánta entrega.

Haz tú otro tanto: unas palabras limpias
—las necesarias sólo—; escúchalas.
Y que se abra el poema.

QUE no llegue la noche y nos sorprenda
con todo sin hacer o a medio hacer.
No habrá mayor congoja que un corazón vacío
en la hora atroz, en la hora irrevocable
en la que debería estar colmado.
¿Qué explicación darás si alguien pregunta?
Y más que nada, ¿qué podrás decirle
a quien tú eres cuando llegue el trance
de penetrar en lo desconocido?
Qué suceso terrible. La verdad
relumbró alrededor de tu entusiasmo,
encontró su camino hasta tu pecho
e hizo en él su morada.
Conociste el hechizo de la luna;
tuviste entre tus manos las manos de tu madre,
su tibieza indecible;
desde niño miraste con asombro
la montaña o la hormiga,
los árboles, las nubes y los ríos.
La realidad estaba ahí, frente a tus ojos,

con su fascinación, y renunciaste
a hacerte cargo de ella.
Qué día espantoso el que ahora está acabando,
el que va oscureciéndose.
Es tarde ya, muy tarde, ya no hay tiempo.
Te ha cogido la noche,
se ha cerrado de pronto en torno a ti.
Y al fin caes en su abismo y eres ceniza triste,
en vez de relumbrar en la tiniebla
como limpio diamante.

FE

LA casa está dispuesta. Ven si quieres.

Aunque en la espera haya
tanta inquietud, tanto desasosiego,
qué dulce es esperarte.

Acaso en el anhelo de aguardar
se cumpla el don más alto del encuentro.

Aquí me tienes, con el alma en vilo,
por si mi fe te inclina a visitarme.

PARA el tiempo que aún reste,
y para el cuándo que quizá le siga,
quiero pedir, y sueño,
que en los dominios de mi corazón
ni la ortiga ni el cardo
encuentren la aridez donde agarrarse;
que el ánimo, las manos, las palabras
no se me tiznen nunca gravemente,
o por un tiempo largo, de miseria;
que haya amor en mi pecho
y que, al sentirlo, todo tiemble en mí
como hoja verde que estremece el aire;
que todavía logren mis oídos
escuchar las canciones de la vida,
y que mi propio canto
—cobijo siempre para mí y consuelo—
se avenga alguna vez a acompañarme;
que después del crepúsculo,
ya en el silencio de una inmensa noche
y de su soledad irremediable,

consiga yo por fin desentrañar
la oscuridad cerrada.
Y que mis ojos miren con asombro
cómo despunta luego, tierna y lenta,
la luz del alba.

SI aquel amor no hubiera sucedido,
cómo seguir viviendo.

Me dijo, no te vayas,
quédate aquí conmigo, quédate.
Qué desconsuelo había en su decir,
qué palabras las suyas
tan misteriosas y conmovedoras.
Insistió muchas veces.
Nada que a uno le llegue hasta el oído
podrá calarle más en lo profundo.

La vida empuja, arrastra, no da tregua,
y nos lleva y nos trae, nos da y nos quita.
Todo, no obstante, suma.
Cuanto ha existido configura el mundo.

Era septiembre entonces,
cuando la gente vuelve a las ciudades
al final del verano.

Yo tenía que irme y no me iba.
Una muchacha me retuvo allí,
junto al mar perezoso.

En el recuadro de la tarde última
no hay sino esta presencia que me implora,
sus ojos negros y su abatimiento
en el momento de la despedida.
Éramos sólo dos adolescentes.
Cuánta verdad y cuánta intensidad.
Me sujeta la mano y me repite
con voz convulsa y con los labios trémulos,
no te vayas así, quédate, espera.

Luego, al caer la noche, nos tuvimos
por fin que separar. Después ya nunca
hemos vuelto a encontrarnos.

Cómo seguir viviendo hasta este día
si no hubiera ocurrido aquel amor.

REENCUENTRO

HOY que vuelvo a la vida
y piso con pie firme este camino
que me conduce adónde,
entre toda la gente que va y viene,
por gracia del momento veo llegar a mi madre,
qué mañana tan clara, hijo mío, por fin
te he encontrado y te tengo,
por qué nos separamos
tan de repente, en qué lugar confuso
te solté de mi mano y te marchaste,
andabas muy deprisa y te dije o me dije,
por qué creciste, niño,
pero tú no me oías, porque ya estabas lejos,
y pasaron los años y al cabo, un día cualquiera,
ocurrió mucha sombra,
qué cosas tan extrañas nos suceden de pronto,
tal vez soñamos, hijo,
ahora te escucho, madre, mira, mira,
todo está a nuestro alcance, todo se alza
como ayer y mañana, igual que nunca y siempre,

qué raro es existir,
quizá habitamos en un soñar perdurable,
aunque más bien parece esta mañana
que los dos respiramos un nacimiento nuevo,
déjame que te abrace, madre, deja
que camine contigo por tu vivir y el mío,
y dime, si lo sabes, por favor, dímelo,
cómo traes en los ojos, viniendo de la noche,
toda la luz del mundo.

PARA vosotros, que vendréis al mundo
cuando yo me haya ido,
escribo este poema.
No sé; tal vez un día,
gracias a los azares que entreteje
la vida a cada instante,
os traerán vuestros pasos hasta él.
Dejo su puerta abierta por si acaso
y empiezo a imaginar como certeza
lo que es tan sólo un sueño.

En mi poema puede verse el cuarto
en el que escribo hoy. Entrad, entrad
con toda confianza,
a pesar de mi ausencia.
Y aproximaos al balcón. Transcurre
una tarde hermosísima
de finales de agosto.
Después de tantos días implacables
de luz arrasadora,

[147]

el tiempo ha dado un giro inesperado.
Son una bendición para los ojos
estas horas distintas. Se diría
que anda de retirada ya el verano.
Da pena despedirlo
(todo lo que se va nos duele al irse),
pero el cambiar también es alegría.

Por momentos están amontonándose
nubes negras y grises en el cielo
y el viento las trajina y las sojuzga
sin miramiento alguno.
La tarde se oscurece más y más.
Y al fin rompe a llover. Qué maravilla.
Llueve con fuerza, a ráfagas violentas,
y las fulguraciones enlazadas
de incesantes relámpagos
abren paso a los truenos,
que tropiezan y ruedan allá arriba
con estruendo imponente.

Mirad y oled la lluvia,
disfrutad de esta tarde en la que no
podremos estar juntos.
Sabed que la escribí con regocijo.
Y que pensé en vosotros.

EN el hondo silencio de cada cosa y tuyo,
y en esta soledad tan viva y plena,
podrás oír acaso la música del mundo.
Aguza bien tu oído. Escucha. Y sueña.

LA RAMA VERDE

AY, árbol del vivir,
árbol de la ilusión y de los desengaños,
de las revelaciones.
Cuando te agita el viento de la edad,
las hojas secas caen.
Pero en la rama aún verde de la infancia
—la que está más arriba, la que en la luz se mueve—
canta el jilguero.

LA HERIDA

HERIDA de mi infancia, que aún fulgura,
pues nunca se ha cerrado.
Hecha de soledad, de amor, de origen,
de mucha luz y tanto desamparo,
de cosas insondables que ocurrieron
y que siguen pasando.
Es una herida extraña, que duele y da consuelo.
De un signo u otro, de ella brota el canto.

MÁS de una vez, sentado yo a la sombra
de aquella acacia de mis años buenos,
mientras leía un libro o intentaba
los primeros poemas,
vi caer a mi lado desde el árbol,
dando en el aire giros, casi ingrávida,
la pluma de un gorrión.
No sé por qué me acuerdo de esto ahora,
cuando tanto he olvidado.

BAJO EL ARCE

FUE testigo de todo el arce aquel,
hace ya tanto tiempo, una mañana
de mediados de junio.

Curvó sus altas ramas hasta tocar la tierra
y creó en torno al tronco un circular espacio,
gruta de intimidad, dosel de hechizo y sueño.

Entramos confiados
y allí tú y yo pudimos guarecernos
de las cosas del mundo. El árbol no era
presencia indiferente, sino discreto cómplice,
silencio verde, comprensiva sombra.

Vio cómo te estrechaba entre mis brazos.
Ocurrió mucha vida.
Y alcanzamos nosotros tal vez a oír la savia
recorriendo su ser como un agua encendida.

EL declinar del cuerpo es un misterio.

Dentro de mí, sin merma,
ha seguido mi espíritu conmigo.
Está alerta y persiste en su existir
con fervor, con pujanza y alegría.

Pero el cuerpo se empeña
en ir por otro lado, cuando siempre
iban los dos a una.
Era más incansable él que el espíritu:
lo ayudaba a avanzar, a no ceder.

Ahora se ha ensimismado
en el conocimiento del dolor.

Renuncia a descubrir lo que hay detrás
de los montes aquellos
y sólo quiere estar consigo a solas.

Cuánta nostalgia de la plenitud.
Todo es perplejidad e incertidumbre,
exangüe sol y lunas que decrecen.

Mucho se dijo, y dice, y no se ha dicho:
sobre el desvalimiento de la carne
nadie ha sabido nunca.

NADA puede afirmarse con certeza absoluta.
Y sin embargo intuyo que el libro que ahora escribo
habrá de ser el último que yo alcance a decir.
Siento desasosiego al confesarme
esta inquietud que en mi interior se oye
como una puerta oscura que se fuera cerrando
irremediablemente.
                              Mi último libro, el último.
Cómo es posible que haya llegado este momento:
recuerdo bien —con cuánta cercanía—
que comencé a soñar hace muy poco
mis primeros poemas.
                              No sé lo que ha ocurrido.
Transcurrieron los años. Todo empieza y acaba.
Tanta ilusión y tanto limpio empeño.
Mi vida ha sido larga, pero qué corta ha sido.
Titubea la luz que antes ardía
con llamarada hermosa en mi pecho y mis manos.
Y en el tiempo apagado que tal vez aún me quede,
qué será de quien soy si no me asiste el canto.

CUALQUIER mañana pudo ser la vida.
Todas al fin lo eran.
Y estaban, una a una, bien contadas.
Fue sencillo morir.
No me di cuenta apenas, sólo tuve
que confiarme y que dejar hacer.
Ahora, ya sin transcurso,
una tupida sombra me cobija:
presente inmóvil, aunque sea pasado,
o tiempo por venir. Quién lo supiera.
Cuánta hermosura hubo en respirar
y no advertir que lo estuviera haciendo.
Aspiraba una luz tierna y muy clara:
caía desde el cielo, por el aire,
destellando en el pájaro y la nube,
pero también surgía de la tierra,
desde dentro del árbol y del agua.

PROCEDENCIA DE LOS POEMAS

«Tarde de junio», de *Maneras de estar solo*.

«Retrato del poeta adolescente», de *Páginas de un diario*.

«Aviso de caminantes», de *Elegías*.

«El sueño, «La playa», de *Autorretratos*.

«Al mirar hacia atrás, «Despedida», de *La vida*.

«Luz que nunca se extingue», «Agua de mayo», «Más allá del dolor», «Dónde», «Así», «La fuerza del dolor», «El árbol», «El secreto», «La certeza», de *La certeza*.

«De la naturaleza de las cosas», «Madre», «Los trabajos del alma», «La escondida fuente», «En la mañana», «Oír la luz», «Una verdad», «Intemperie», «Dentro de mí», «Maravillas», de *Oír la luz*.

«Ayer y hoy», «El alba», «Expectación», «Cerca», «El enigma», «Desde un acantilado», «Certidumbre que quema», «Oda a la alegría», «Haber vivido», de *Sueño del origen*.

«Antes del nombre», «El día que no era», «La soledad», «Adentro», «La mañana», «En el árbol del tiempo», «Todo», «El amor sucesivo», «Como el viento en la noche», «En lo oscuro», «Cuando miras despacio», de *Antes del nombre*.

«Un vaso de agua», «Lugares», «En la creciente claridad», «La llovizna», «El valle», de *Quién lo diría*.

«En la mañana inmensa», «Luna de cuándo y dónde», «Algo que no es azar», «Verdecillo», «El amor», «La hora irrevocable», «Fe», «Plegaria en un cumpleaños», «Era septiembre», «Reencuentro», «Dejo la puerta abierta», «La casa sosegada», «La rama verde», de *La rama verde*.

«La herida», «Cuando tanto he olvidado», «Bajo el arce», «Camino que se bifurca», «Que será de quien soy», «No me di cuenta apenas», de *Venir desde tan lejos*.

[El texto de los poemas pertenecientes a los diez primeros libros se atiene al de la última edición de los mismos: *Las cosas como fueron. Poesía completa, 1974-2017*, Tusquets Editores, Barcelona, 2018.]

BIBLIOGRAFÍA POÉTICA DEL AUTOR

LIBROS DE POESÍA

Maneras de estar solo (Premio Adonais de Poesía de 1977), Adonais, 350, Madrid, Ediciones Rialp, 1978.

Páginas de un diario, El Bardo, 5, Barcelona, Los Libros de la Frontera, 1981.

Elegías, Biblioteca de Autores Españoles, 21, Madrid, Trieste, 1984.

Autorretratos, Poética, 16, Barcelona, Ediciones Península/Edicions 62, 1989; 2.ª ed., 1989.

La vida, Marginales (Nuevos Textos Sagrados), 150, Barcelona, Tusquets Editores, 1996; 2.ª y 3.ª eds., 2003; 4.ª y 5.ª eds., 2004; 6.ª y 7.ª eds., 2005; 8.ª ed., 2006; 9.ª ed., 2007; 10.ª ed., 2008.

La certeza (Premio Nacional de la Crítica de 2005), Marginales (Nuevos Textos Sagrados), 232, Barcelona, Tusquets Editores, 2005; 2.ª ed., 2014.

Oír la luz, Marginales (Nuevos Textos Sagrados), 251, Barcelona, Tusquets Editores, 2008; 2.ª ed., 2014.

Sueño del origen, Marginales (Nuevos Textos Sagrados), 269, Barcelona, Tusquets Editores, 2011.

Antes del nombre, Marginales (Nuevos Textos Sagrados), 281, Barcelona, Tusquets Editores, 2013.

Quién lo diría, Marginales (Nuevos Textos Sagrados), 291, Barcelona, Tusquets Editores [octubre], 2015; 2.ª ed., 2015; 3.ª ed., 2016.

La rama verde, Marginales (Nuevos Textos Sagrados), 310, Barcelona, Tusquets Editores 2020; 2.ª ed., 2021; 3.ª ed., 2025.

Venir desde tan lejos, Marginales (Nuevos Textos Sagrados), 332, Barcelona, Tusquets Editores, 2025; 2.ª ed., 2025.

POESÍA COMPLETA

Las cosas como fueron [recoge los cuatro primeros libros del autor, con correcciones], La Veleta, 15, Granada, Editorial Comares, 1992; 2.ª ed. revisada, 1995.

Las cosas como fueron. Poesía completa, 1974-2003 [recopilación de los cinco primeros libros del autor, con nuevas correcciones y algunos poemas inéditos], Marginales (Nuevos Textos Sagrados), 221, Barcelona, Tusquets Editores, 2004.

Las cosas como fueron. Poesía completa, 1974-2017 [reúne diez libros del autor, con nuevas correcciones y algunos poemas inéditos], Marginales (Nuevos Textos Sagrados), 299, Barcelona, Tusquets Editores, 2018; 2.ª ed., 2018; 3.ª ed., 2025.

[168]

El sueño cumplido [escritos en prosa, poemas y entrevistas sobre la poesía], Marginales (Nuevos Textos Sagrados), 321, Barcelona, Tusquets Editores, 2023.

ANTOLOGÍAS

Antología de la literatura murciana. Escritores murcianos de ayer y de hoy. Fascículo 20: *Eloy Sánchez Rosillo*, prólogo y selección de Antonio Crespo, ilustraciones de Paco Conesa, Asociación de la Prensa, Murcia, 24 de diciembre de 1991 [antología de veinte autores murcianos en fascículos encuadernables. Los fascículos se fueron entregando los martes de cada semana junto con el ejemplar del día de los diarios *La Verdad*, *La Opinión* y *Diario 16 Murcia*].

Confidencias (Antología poética), selección y prólogo de Andrés Trapiello, Antologías, 21, Sevilla, Editorial Renacimiento, 2006.

El manantial del tiempo. Antología poética, prólogo de Andrés Trapiello, Babel (Biblioteca de Poesía Española), Puebla (México), Universidad de las Américas Puebla, 2007.

En el árbol del tiempo, selección y presentación de Juan Marqués, El Pájaro Solitario, Valencia, Editorial Pre-Textos, 2012.

[169]

Hilo de oro (Antología poética, 1974-2011), edición de José Luis Morante, Letras Hispánicas, 740, Madrid, Ediciones Cátedra, 2014.

Luna de cuándo y dónde, Heredia (Costa Rica), EUNA (Editorial Universidad Nacional), 2020.

Mi tan ajeno yo. Autoretratos 1978-2025, prólogo del autor, selección de Antonio Lafarque, Calcomanías, 12, Papeles del Náufrago, Almería, [diciembre] 2025, edición no venal.

LIBROS Y ANTOLOGÍAS EN OTRAS LENGUAS

La vita, a cura di Francesco Luti [texto bilingüe], Le Dune Poesia Contemporanea, 4, Firenze, Nephila Edizioni, 2004.

As coisas como foram (Antologia poética), selección, traducción y prólogo de José Bento [75 poemas; texto bilingüe], Lisboa, Assírio & Alvim, 2004.

Il fulgore del lampo (1978-1996), a cura di Francesco Luti [40 poemas; texto bilingüe], La Fiamma e il Cristallo, 13, Firenze, Pagliai Polistampa, 2005.

Chiave del sogno, traduzione di Francesco Dalessandro, postfazione di Marco Paone [51 poemas; texto bilingüe], Genova, Contatti (col. Rubedo, 2) 2019.

TRADUCCIÓN DE POESÍA

Leopardi, Giacomo, *Antología poética*, edición y traducción de Eloy Sánchez Rosillo, La Cruz del

Sur, Valencia, Pre-Textos, 1998, texto bilingüe; 2.ª ed., revisada y corregida, 2004.

Negri, Ada, «Cuatro poemas» [«Il sole e l'ombra»/«El sol y la sombra», «Il dono»/«El don», «Deserto»/«Desierto», «Chitarra di notte»/«Guitarra en la noche»], traducción y nota de Eloy Sánchez Rosillo, *Clarín*, 50, Oviedo, marzo-abril de 2004, pp. 50-53.

Negri, Ada, «Dos poemas de Ada Negri» [«Fine»/ «Fin», «Luna sul lago di Castel Toblino»/«Luna en el lago de Castel Toblino»], Nota y traducción de Eloy Sánchez Rosillo, *Oropeles y Guiñapos,* 4, año II, Madrid, junio de 2019, pp. 8-9.

Rovira, Pere, «Brindis», traducción al castellano de Eloy Sánchez Rosillo, *«C'est une chanson»*, *A Pere Rovira, grata memoria*, Julián Acebrón, Pere Pena, eds., *Scriptura*, 27, Universitat de Lleida, 2019, pp. 104-105.

Estellés, Vicent Andrés, «Dos poemas de *Llibre de maravelles* ["Flérida (1)", "Flérida (2)"]», traducción y nota de Eloy Sánchez Rosillo, *Anáfora*, 27, Gijón, noviembre de 2022, pp. 24-27.

Marí, Antoni, «Acerca de la naturaleza» [poema III de *Cuatro costados / Cuatre costats*], Renacimiento, Sevilla, 2026.

Se terminó de imprimir en Málaga
en marzo de 2026